UX Design

Concevoir des interfaces ergonomiques et user-friendly

Nicolas Vardel

SOMMAIRE

SOMMAIRE 2

Clause de non-responsabilité 4

INTRODUCTION 7

Chapitre 1 : Principes de conception centrée sur l'utilisateur 12

    a. Évolution de la conception UX........................12
    b. Rôle de l'empathie dans le design 16
    c. Psychologie du comportement des utilisateurs 20

Chapitre 2 : Dévoiler les besoins des utilisateurs 25

    a. Introduction à la recherche utilisateur.................25
    b. Entretiens avec les utilisateurs et études ethnographiques..28
    c. Enquêtes, analyses et informations basées sur les données ..31

Chapitre 3 : Créer des personas avec empathie 36

    a. Création de personas utilisateur.......................36
    b. Archétypes émotionnels dans les Personas 40
    c. Jeu de rôle pour la compréhension de l'utilisateur 44

Chapitre 4 : Architecture de l'information empathique 49

    a. Structures de navigation intuitives 49
    b. Flux contextuel et parcours utilisateur 53

Chapitre 5 : Design émotionnel et narration visuelle...............58

    a. Concevoir pour un impact émotionnel 58
    b. Raconter des histoires à travers des visuels.........................62
    c. Psychologie des couleurs et image de marque 66

Chapitre 6 : Conception d'interaction transparente **72**

    a. Construire des interfaces intuitives 72

    b. Microinteractions pour le plaisir 76

    c. Principes de Gestalt en interaction..................................80

Chapitre 7 : Tests d'utilisabilité et commentaires utilisateurs...85

    a. Importance des tests d'utilisabilité..................................85

    b. Réalisation de tests d'utilisabilité efficaces 90

Chapitre 8 : Cohérence multiplateforme................................95

    a. Conception pour des expériences multi-appareils 95

    b. Maintenir la cohérence de la marque 100

Chapitre 9 : Design persuasif et influence comportementale ..105

    a. Psychologie de la persuasion..105

    b. Concevoir pour le changement de comportement.............110

Chapitre 10 : Workflows de conception collaborative 116

    a. Avantages de la conception collaborative.........................116

    b. Sprints de conception et ateliers....................................120

CONCLUSION...**126**

Clause de non-responsabilité

« Les insectes ne s'attaquent qu'aux lumières qui brillent »

Le présent texte est une Clause de non-responsabilité s'appliquant à l'intégralité de ce livre. Le lecteur est informé que l'ensemble du contenu de ce livre est fourni à titre non contractuel et strictement destiné à des fins purement informatives.

L'auteur de ce livre ne fournit aucune déclaration, aucun engagement ni aucune garantie d'aucune nature, implicite ou explicite, quant à l'exactitude, la véracité, la fiabilité, l'applicabilité, l'adéquation ou l'exhaustivité des informations présentes dans ce livre. Le contenu de ce livre est susceptible d'avoir été produit et ou traduit à l'aide de mécanismes automatisés. En aucun cas, l'auteur de ce livre ne saurait être tenu responsable de la présence d'imperfections, d'erreurs, d'omissions, ou de l'inexactitude du contenu proposé dans ce livre.

Aucune utilisation des informations présentes dans ce livre, de quelque manière que ce soit, ne saurait ouvrir droit à un quelconque dédommagement ou compensation quel qu'en soit sa nature.

L'auteur de ce livre ne saurait en aucun cas être tenu responsable, d'aucune manière, de tout dommage ou préjudice, de quelque nature que ce soit, direct ou indirect, lié ou non à la négligence, pouvant entre autres, découler de l'utilisation de quelque manière que ce soit des informations contenues dans ce livre, et ce, que l'auteur soit ou non avisé de la possibilité de tels dommages.

Le lecteur demeure, en toutes circonstances, le seul et l'unique responsable de l'utilisation et de l'interprétation des informations figurant dans le présent livre et des conséquences qui pourraient en découler.

Toute utilisation du contenu de ce livre de quelque manière que ce soit s'effectue aux risques et périls du lecteur uniquement et n'engage, en aucun cas, aucune responsabilité d'aucune sorte de l'auteur de ce livre.

Si le lecteur ne comprend pas un mot ou une phrase de la présente Clause de non-responsabilité, ou qu'il n'en accepte pas en partie ou pleinement les termes, il doit obligatoirement renoncer à toute utilisation de ce livre et s'engage à le supprimer ou le détruire sans délai.

INTRODUCTION

Dans un paysage numérique animé par une technologie en évolution rapide et des attentes des utilisateurs en constante évolution, l'art de créer des expériences utilisateur exceptionnelles est devenu primordial. Bienvenue dans "Expériences axées sur l'empathie : maîtriser la conception UX pour un monde centré sur l'utilisateur". Dans ce livre, nous embarquons pour un voyage qui plonge au cœur de la conception centrée sur l'utilisateur, découvrant le pouvoir transformateur de l'empathie en tant que pierre angulaire de la création d'interactions numériques significatives et percutantes.

Alors que la technologie s'intègre de manière transparente dans toutes les facettes de notre vie, les utilisateurs exigent des expériences qui non seulement répondent à leurs besoins, mais résonnent également sur le plan émotionnel.

Pour y parvenir, le domaine de la conception de l'expérience utilisateur (UX) a subi une profonde évolution. Cette évolution, cependant, ne consiste pas seulement à maîtriser les derniers outils et tendances ; il s'agit de comprendre l'esprit et le cœur des utilisateurs pour créer des expériences qui comptent vraiment.

"Empathy-Driven Experiences" est plus qu'un livre sur les principes et les techniques de conception, c'est un guide complet qui éclaire la relation symbiotique entre le design et l'émotion humaine. Dans chaque chapitre, nous explorons les facettes clés de la conception axée sur l'empathie, en dévoilant des stratégies pour comprendre les comportements des utilisateurs, découvrir leurs besoins non satisfaits et traduire ces informations en conceptions qui se connectent à un niveau fondamental.

De la compréhension fondamentale des principes de conception centrés sur l'utilisateur à la danse complexe de la création d'interfaces persuasives, ce livre couvre un large éventail de sujets. Que vous soyez un designer en herbe cherchant à construire une base solide ou un professionnel chevronné s'efforçant d'affiner votre art, les informations contenues dans ces pages vous permettront de créer des expériences qui captivent, ravissent et laissent des impressions durables.

Les chapitres sont soigneusement organisés, chacun se concentrant sur un aspect critique de la conception UX à travers le prisme de l'empathie. Nous explorerons l'art de mener des recherches empathiques sur les utilisateurs, de construire des personnalités d'utilisateurs qui transcendent la démographie et de concevoir des architectures d'information qui reflètent les processus cognitifs. Nous nous aventurerons dans le monde du design émotionnel, en apprenant comment les couleurs et les visuels peuvent évoquer des émotions et des récits. La conception d'interaction, les tests d'utilisabilité, les flux de travail collaboratifs et l'adaptation aux technologies émergentes sont tous des chapitres de cette exploration immersive.

Mais ce livre ne traite pas seulement des techniques de conception ; il s'agit de cultiver un état d'esprit - une culture - de l'empathie dans le processus de conception. Nous discuterons de la façon dont l'empathie s'étend au-delà de l'interface utilisateur et dans le tissu même d'une organisation, favorisant une approche holistique qui résonne dans chaque point de contact.

Dans un monde de plus en plus défini par les interactions numériques, la capacité à créer des expériences empathiques est une superpuissance. C'est la capacité d'écouter les besoins inexprimés des utilisateurs, d'anticiper leurs désirs et de faire de la technologie un prolongement de leurs aspirations. "Empathy-Driven Experiences" est votre guide pour libérer ce pouvoir, transcender la simple fonctionnalité et transformer notre façon de penser le design.

Alors, embarquons ensemble pour ce voyage. Explorons l'interaction complexe entre la technologie et l'humanité, entre le design et l'émotion. À la fin de ce livre, non seulement vous maîtriserez l'art de la conception axée sur l'empathie, mais vous incarnerez également les principes qui peuvent façonner un monde plus centré sur l'utilisateur et empathique.

Chapitre 1 : Principes de conception centrée sur l'utilisateur

a. Évolution de la conception UX

L'évolution de la conception de l'expérience utilisateur (UX) témoigne de la nature dynamique du paysage numérique et de la relation en constante évolution entre la technologie et l'interaction humaine. Cette évolution trouve ses racines dans les débuts de l'informatique, lorsque les interfaces étaient rudimentaires et que la fonctionnalité prenait souvent le pas sur le confort et l'engagement de l'utilisateur. Au fil du temps, la conception UX est apparue comme une réponse à la demande croissante d'interactions intuitives et centrées sur l'utilisateur qui transcendaient les complexités techniques des systèmes numériques.

Aux premiers stades de l'informatique, les interfaces utilisateur étaient basées sur du texte et exigeaient que les utilisateurs possèdent une compréhension approfondie de la syntaxe des commandes. Au fur et à mesure que la technologie évoluait, des interfaces utilisateur graphiques (GUI) ont émergé, introduisant des éléments visuels tels que des icônes et des fenêtres qui ont rendu les interactions plus intuitives. Le moment décisif est arrivé avec le Palo Alto Research Center (PARC) de Xerox dans les années 1970, où des concepts tels que l'interface graphique pilotée par la souris et le paradigme WIMP (Windows, icônes, menus, pointeur) ont été développés. Les ordinateurs Lisa et Macintosh d'Apple ont ensuite popularisé ces idées, ouvrant la voie à une expérience informatique plus attrayante et conviviale.

La fin du 20e siècle a vu l'avènement du World Wide Web, donnant lieu à un nouveau domaine de considérations de conception. La conception

Web s'est initialement concentrée sur la structuration du contenu en HTML, mais à mesure que les sites Web gagnaient en complexité, la navigation et la convivialité sont devenues primordiales. Cela a conduit à la formulation de principes d'utilisabilité Web par Jakob Nielsen, mettant l'accent sur des éléments tels que la navigation intuitive, des commentaires clairs et la cohérence. Cependant, les premières conceptions Web se heurtaient souvent à des temps de chargement lents et à des expériences incohérentes entre les navigateurs.

Le 21e siècle a vu la prolifération des appareils et des applications mobiles, catapultant la conception UX vers de nouveaux sommets. Les plates-formes mobiles ont présenté des défis uniques tels que l'espace limité sur l'écran et les interactions tactiles. L'iPhone d'Apple, introduit en 2007, a redéfini les interfaces mobiles avec ses gestes multi-touch et sa conception centrée sur les applications. Cela a marqué le début de l'économie axée sur les applications et a accru les attentes des utilisateurs pour des expériences fluides et engageantes. Pendant ce temps, la conception Web réactive est apparue comme une solution au défi de fournir des expériences cohérentes sur divers appareils et tailles d'écran.

Aujourd'hui, la conception UX englobe un vaste écosystème, allant des applications mobiles et des sites Web aux assistants vocaux et aux expériences de réalité augmentée. L'essor du design thinking, une approche centrée sur l'humain de la résolution de problèmes, a placé l'empathie au premier plan des processus de conception. Les concepteurs s'engagent désormais activement auprès des utilisateurs, comprenant avec empathie leurs besoins, leurs points faibles et leurs aspirations. Ce processus itératif implique le prototypage, le test et l'affinement des conceptions en fonction des commentaires des utilisateurs, aboutissant finalement à des résultats plus centrés sur l'utilisateur.

b. Rôle de l'empathie dans le design

Le rôle de l'empathie dans la conception occupe une position centrale dans l'élaboration de la trajectoire de la conception de l'expérience utilisateur (UX) en favorisant des connexions plus profondes entre les utilisateurs et les produits numériques. L'empathie, en tant que qualité humaine fondamentale, implique de comprendre et de partager les sentiments, les perspectives et les expériences des autres. Dans le contexte du design, l'empathie transcende l'esthétique et la fonctionnalité, permettant aux concepteurs de créer des solutions qui résonnent aux niveaux émotionnel et cognitif, améliorant ainsi l'expérience globale de l'utilisateur.

La conception axée sur l'empathie reconnaît que les utilisateurs ne sont pas seulement des utilisateurs finaux, mais des individus ayant des besoins, des motivations et des contextes uniques. En se mettant à la place des utilisateurs, les designers perçoivent leurs enjeux, leurs envies et leurs attentes. Cette perspicacité, acquise grâce à des méthodes de recherche telles que des entretiens et des observations d'utilisateurs, permet aux concepteurs de développer des solutions qui correspondent aux réalités des utilisateurs. Par exemple, lors de la conception d'une application de soins de santé, les concepteurs empathiques peuvent tenir compte des angoisses et des incertitudes auxquelles les patients sont confrontés, ce qui conduit à des interfaces qui fournissent des conseils clairs et rassurent.

De plus, l'empathie facilite l'identification des besoins latents que les utilisateurs peuvent ne pas articuler explicitement. Grâce à une recherche empathique, les designers dévoilent des désirs insatisfaits, leur permettant de créer des expériences qui dépassent la simple fonctionnalité. Par exemple, le succès d'Airbnb peut être attribué en partie à sa compréhension empathique du désir des voyageurs pour des séjours uniques et immersifs, résultant en une plateforme qui propose des hébergements distincts et des expériences personnalisées.

L'empathie sert également de pont entre le design et la psychologie, permettant aux concepteurs de tirer parti des déclencheurs émotionnels pour améliorer l'engagement. Les émotions influencent considérablement la prise de décision et la conception empathique s'efforce de susciter des émotions positives qui favorisent la fidélité à la marque. Le lien émotionnel d'Apple avec les utilisateurs, souvent cité dans "l'écosystème Apple", démontre comment l'empathie dans le design peut cultiver une fidélité à la marque qui s'étend au-delà des caractéristiques du produit.

L'intégration de l'empathie tout au long du processus de conception cultive une philosophie centrée sur l'utilisateur. Les concepteurs sympathisent avec les utilisateurs non seulement pendant la recherche, mais aussi pendant les phases d'idéation, de prototypage et de test. En recherchant activement les commentaires des utilisateurs et en itérant les conceptions en fonction de leurs commentaires, les concepteurs affinent leurs créations pour mieux répondre aux besoins des utilisateurs. Ce cycle itératif, partie intégrante du design thinking, illustre comment l'empathie favorise l'amélioration continue.

La conception axée sur l'empathie ne se limite pas aux seules interactions des utilisateurs ; elle s'étend également aux considérations éthiques. Les designers sont conscients des impacts sociétaux potentiels de leurs créations, en veillant à ce que leurs produits ne nuisent pas aux utilisateurs ou ne perpétuent pas les préjugés. Par exemple, lors du développement d'une technologie de reconnaissance faciale, les concepteurs empathiques répondent aux préoccupations liées à la vie privée, aux préjugés et à la discrimination.

c. Psychologie du comportement des utilisateurs

La psychologie du comportement de l'utilisateur occupe un rôle central dans le domaine de la conception de l'expérience utilisateur (UX), éclairant l'interaction complexe entre la cognition humaine, les émotions et l'environnement numérique. Lorsque les utilisateurs naviguent dans les interfaces numériques, leurs décisions, interactions et perceptions sont profondément influencées par des processus psychologiques, que les concepteurs doivent comprendre pour créer des expériences qui résonnent efficacement. L'exploration de la psychologie du comportement des utilisateurs dévoile les mécanismes cognitifs qui sous-tendent les actions, les choix et les préférences des utilisateurs dans le paysage numérique.

La psychologie cognitive met en lumière la façon dont les utilisateurs traitent les informations, prennent des décisions et résolvent les problèmes au sein des interfaces numériques. Un concept important est la théorie de la charge cognitive, qui postule que les individus ont des ressources cognitives limitées pour traiter l'information. Les concepteurs peuvent appliquer cette théorie en simplifiant des interfaces complexes, en regroupant des éléments connexes et en réduisant les frictions cognitives. Par exemple, la page d'accueil minimaliste de Google illustre la réduction de la charge cognitive, permettant aux utilisateurs de se concentrer sur leur requête de recherche sans distractions.

Le principe des modèles mentaux joue un rôle crucial dans la formation des attentes et des interactions des utilisateurs. Les utilisateurs forment des modèles mentaux basés sur leurs expériences et connaissances antérieures, qui influencent leurs hypothèses sur la façon dont une interface devrait fonctionner. Les concepteurs peuvent aligner les interfaces sur les modèles mentaux des utilisateurs pour améliorer la convivialité. Par exemple, l'icône de la corbeille représentant les fonctions de suppression s'inspire du modèle mental des utilisateurs pour jeter des éléments, créant une interaction intuitive.

La psychologie de l'attention est un autre aspect essentiel, car les utilisateurs scannent souvent les interfaces rapidement, à la recherche d'informations pertinentes. Les concepteurs s'appuient sur des principes tels que la disposition en F ou en Z pour guider stratégiquement l'attention visuelle des utilisateurs. En plaçant des informations clés le long de ces modèles, les concepteurs s'assurent que les utilisateurs rencontrent du contenu critique sans se sentir dépassés.

Les émotions ont un impact significatif sur le comportement et la prise de décision des utilisateurs. La théorie de la conception émotionnelle propose que les utilisateurs établissent des liens émotionnels avec les interfaces, influençant leurs perceptions et leurs préférences. Siri d'Apple, avec sa voix personnifiée et ses réponses ludiques, démontre comment le design émotionnel peut établir un rapport entre les utilisateurs et la technologie, améliorant ainsi l'engagement des utilisateurs.

La psychologie de la persuasion est essentielle pour influencer le comportement des utilisateurs, en particulier dans les contextes de commerce électronique et de marketing. Des principes comme la rareté, la preuve sociale et la réciprocité puisent dans les tendances humaines innées. L'utilisation par Amazon de la preuve sociale par le biais des avis des clients illustre comment l'intégration de ces principes peut façonner les perceptions et les décisions des utilisateurs.

La psychologie de la formation des habitudes est pertinente dans la conception de produits qui font partie intégrante des routines des utilisateurs. Des boucles d'habitudes, composées d'indices, de routines et de récompenses, sous-tendent les interactions répétées des utilisateurs avec les interfaces numériques. Par exemple, les applications de fitness utilisent souvent des mécanismes d'accoutumance, encourageant les utilisateurs à établir des routines d'exercice régulières.

Chapitre 2 : Dévoiler les besoins des utilisateurs

a. Introduction à la recherche utilisateur

La recherche utilisateur est la pierre angulaire de la conception de l'expérience utilisateur (UX), facilitant une compréhension complète des besoins, des comportements et des préférences des utilisateurs. Il sert d'étape fondamentale dans le processus de conception, permettant aux concepteurs de créer des produits qui trouvent un écho profond auprès des utilisateurs. La recherche sur les utilisateurs englobe un éventail de méthodologies et de techniques qui, collectivement, donnent aux concepteurs des informations essentielles pour créer des expériences numériques significatives et efficaces.

Les études ethnographiques offrent une approche qualitative de la recherche sur les utilisateurs, impliquant une observation immersive des utilisateurs dans leurs environnements naturels. En observant directement les comportements, les points faibles et les interactions des utilisateurs, les concepteurs peuvent obtenir des informations nuancées qui éclairent les décisions de conception. Par exemple, lors de la refonte d'une application de transport en commun, des études ethnographiques pourraient révéler les difficultés des navetteurs avec la navigation, conduisant à une interface remaniée qui privilégie la facilité d'utilisation.

Les enquêtes et les questionnaires présentent une approche quantitative de la collecte de données sur les utilisateurs. Ces outils permettent aux concepteurs d'atteindre un public plus large et d'obtenir des commentaires spécifiques sur divers aspects d'un produit. En analysant les réponses aux enquêtes, les concepteurs peuvent identifier les tendances, les préférences et les points faibles. Par exemple, un site Web de réservation de voyages peut utiliser des sondages pour déterminer les préférences des utilisateurs pour les options de filtrage, ce qui permet d'affiner l'expérience de recherche.

Les entretiens avec les utilisateurs offrent un moyen direct de dialoguer avec les utilisateurs pour découvrir leurs motivations, leurs objectifs et leurs défis. Grâce à des questions ouvertes, les concepteurs peuvent approfondir les processus de pensée et les émotions des utilisateurs. Ces informations fournissent un contexte riche pour les décisions de conception. Par exemple, lors du développement d'une application de fitness, les entretiens avec les utilisateurs peuvent révéler les aspirations des utilisateurs à suivre les progrès, conduisant à un ensemble complet de fonctionnalités pour le suivi des objectifs.

b. Entretiens avec les utilisateurs et études ethnographiques

Les entretiens avec les utilisateurs et les études ethnographiques constituent des méthodologies essentielles dans le domaine de la recherche sur les utilisateurs, permettant aux concepteurs de découvrir des informations approfondies sur les comportements, les motivations et les besoins des utilisateurs. Ces approches qualitatives offrent des perspectives nuancées qui enrichissent la compréhension des expériences des utilisateurs, ouvrant la voie à des décisions de conception éclairées et empathiques.

Les entretiens avec les utilisateurs offrent aux concepteurs un canal direct pour dialoguer avec les utilisateurs et obtenir des témoignages de première main sur leurs pensées et leurs comportements. Conduits au moyen de questions ouvertes, les entretiens avec les utilisateurs permettent aux participants d'articuler leurs expériences dans leurs propres mots, révélant des informations qui pourraient ne pas être apparentes uniquement à travers des données quantitatives. Par exemple, lors de la conception d'une application de planification de repas, les entretiens avec les utilisateurs peuvent révéler les frustrations des utilisateurs vis-à-vis des solutions existantes et leurs aspirations à une intégration transparente des listes d'épicerie et des recettes.

Les études ethnographiques proposent une approche plus immersive, impliquant l'observation directe des usagers dans leur environnement naturel. En intégrant les chercheurs dans les contextes des utilisateurs, les études ethnographiques capturent les comportements authentiques, les interactions et les points douloureux qui façonnent les expériences des utilisateurs. Par exemple, lors de la conception d'un système de maison intelligente, des études ethnographiques pourraient révéler comment les utilisateurs interagissent avec divers appareils tout au long de leurs routines quotidiennes, découvrant des opportunités de contrôle et d'automatisation rationalisés.

Dans les deux méthodologies, l'empathie joue un rôle central. Les concepteurs doivent cultiver une compréhension approfondie des perspectives des utilisateurs, en écoutant et en sondant activement pour découvrir des idées qui guident le processus de conception. L'entretien empathique implique la création d'un environnement confortable où les utilisateurs se sentent valorisés et libres d'exprimer ouvertement leurs pensées. Cette approche axée sur l'empathie facilite l'établissement de relations et encourage les participants à partager des expériences franches.

L'analyse est une phase critique après les entretiens avec les utilisateurs et les études ethnographiques. La transcription et le codage des données collectées permettent d'extraire des modèles, des thèmes et des défis récurrents. Ces informations informent le processus de conception, garantissant que les solutions correspondent aux besoins réels des utilisateurs. Par exemple, l'analyse des données ethnographiques peut révéler des problèmes communs lors de l'utilisation d'une application de surveillance médicale, incitant à la création de systèmes de notification simplifiés et d'interfaces conviviales.

c. Enquêtes, analyses et informations basées sur les données

Les enquêtes, les analyses et les informations basées sur les données constituent un pilier fondamental de la recherche sur les utilisateurs, offrant aux concepteurs des perspectives quantitatives sur les comportements, les préférences et les interactions des utilisateurs. Ces méthodologies exploitent la puissance des données pour découvrir des modèles, des tendances et des corrélations qui façonnent le processus de conception, permettant des décisions fondées sur des preuves qui correspondent aux besoins et aux attentes des utilisateurs.

Les sondages offrent une approche structurée pour recueillir des données auprès d'un large éventail d'utilisateurs. Grâce à des questionnaires soigneusement conçus, les concepteurs peuvent collecter des informations sur les données démographiques, les préférences et les opinions des utilisateurs. Les enquêtes facilitent la collecte de données à grande échelle, permettant l'identification de tendances et de préférences communes. Par exemple, une enquête distribuée aux acheteurs en ligne pourrait révéler qu'une partie importante des utilisateurs préfèrent un processus de paiement simplifié, incitant les concepteurs à donner la priorité à un flux d'utilisateurs rationalisé.

Analytics plonge dans l'examen des interactions des utilisateurs au sein des plateformes numériques. Des outils tels que Google Analytics et les cartes thermiques fournissent des informations sur les parcours des utilisateurs, les taux de clics et le temps passé sur différentes pages. Ces analyses offrent un aperçu de la façon dont les utilisateurs naviguent dans les interfaces, mettant en évidence les fonctionnalités populaires et les points faibles potentiels. Par exemple, l'analyse des parcours des utilisateurs sur une plate-forme d'apprentissage en ligne peut révéler que les utilisateurs ont tendance à abandonner à un certain stade d'un cours, signalant le besoin d'améliorations dans ce module spécifique.

Le test A/B est une approche basée sur les données qui consiste à comparer deux variantes ou plus d'un élément de conception pour déterminer celle qui fonctionne le mieux. En effectuant des tests A/B, les concepteurs peuvent valider empiriquement les décisions de conception et affiner les interfaces pour un engagement optimal des utilisateurs. Un exemple consiste à tester deux boutons d'appel à l'action différents pour déterminer lequel génère des taux de conversion plus élevés.

L'intégration de données qualitatives et quantitatives améliore la robustesse des idées de conception. La combinaison de données d'enquête avec les résultats d'entretiens avec des utilisateurs ou d'études ethnographiques fournit une compréhension complète des expériences des utilisateurs. Par exemple, les données d'enquête indiquant de faibles niveaux de satisfaction à l'égard de la conservation des listes de lecture d'une application de streaming musical peuvent être complétées par des informations qualitatives recueillies lors d'entretiens avec des utilisateurs, offrant une vision globale du problème.

L'apprentissage automatique et l'analyse prédictive offrent des techniques avancées pour extraire des informations exploitables à partir des données. En analysant les modèles de comportement des utilisateurs, ces méthodes peuvent prédire les actions et les préférences futures. Par exemple, un moteur de recommandation dans une plate-forme de contenu peut utiliser l'apprentissage automatique pour suggérer des articles ou des vidéos en fonction des interactions passées des utilisateurs.

Chapitre 3 : Créer des personas avec empathie

a. Création de personas utilisateur

La création de personnalités d'utilisateurs est une pratique fondamentale dans la conception de l'expérience utilisateur (UX), encapsulant la synthèse des données de recherche d'utilisateurs dans des archétypes fictifs qui représentent des segments d'utilisateurs distincts. Ces personnages servent de représentations tangibles des publics cibles, permettant aux concepteurs de comprendre avec empathie les besoins, les comportements et les objectifs des utilisateurs. Le processus de création de personnages utilisateur implique une approche systématique et empathique qui éclaire les décisions de conception et favorise une philosophie de conception centrée sur l'utilisateur.

La collecte et la synthèse des données des utilisateurs constituent le fondement de la création de personas d'utilisateurs. Les données des entretiens avec les utilisateurs, des enquêtes et des analyses sont méticuleusement analysées pour identifier les points communs, les tendances et les points faibles entre les segments d'utilisateurs. Ces informations servent de base à la création de personnages qui résument les motivations et les préférences des utilisateurs. Par exemple, les données peuvent révéler qu'une partie importante des utilisateurs d'une plate-forme de commerce électronique apprécient les processus de paiement rapides, informant ainsi la création d'un personnage axé sur des expériences d'achat transparentes.

Le développement de persona implique la création de récits fictifs qui donnent vie aux archétypes des utilisateurs. Ces récits incluent des détails sur les données démographiques, les comportements, les objectifs et les points faibles des utilisateurs. Les personnages peuvent également incorporer des scénarios qui décrivent les interactions des utilisateurs avec des produits numériques dans divers contextes. Par exemple, un personnage pour un site Web de réservation de voyages peut inclure un scénario dans lequel l'utilisateur planifie une escapade de dernière minute, révélant des préférences pour des résultats de recherche rapides et des options de réservation flexibles.

La création de user personas nécessite un équilibre entre spécificité et généralisation. Bien que les personas doivent refléter la diversité des besoins des utilisateurs, ils ne doivent pas devenir trop détaillés. Trouver cet équilibre garantit que les personas restent applicables à une gamme de décisions de conception. Par exemple, un personnage peut souligner qu'un jeune voyageur professionnel apprécie les hébergements économiques, sans entrer dans les détails tels que son type de café préféré.

Les personas d'utilisateur favorisent les décisions de conception empathiques en permettant aux concepteurs d'envisager les utilisateurs comme de véritables individus avec des motivations distinctes. Lors de la conception d'une application de santé et de remise en forme, un personnage représentant un parent occupé à la recherche de programmes d'entraînement courts peut influencer les décisions concernant la longueur du contenu, l'accessibilité et les indices de motivation.

La conception axée sur la personnalité encourage également la collaboration interdisciplinaire. Les équipes marketing peuvent utiliser des personnages pour personnaliser les campagnes promotionnelles, tandis que les développeurs peuvent tirer parti des personnages pour affiner les caractéristiques et les fonctionnalités. Une compréhension partagée des personnalités des utilisateurs garantit que toute l'équipe aligne ses efforts pour répondre aux besoins et aux attentes des utilisateurs.

b. Archétypes émotionnels dans les Personas

Les archétypes émotionnels des personnages représentent une évolution sophistiquée des personnages d'utilisateurs traditionnels, reconnaissant l'impact profond des émotions sur les comportements et les décisions des utilisateurs. En intégrant les dimensions émotionnelles dans le développement de la personnalité, les concepteurs acquièrent une meilleure compréhension des motivations, des aspirations et des liens des utilisateurs avec les produits numériques. Cette approche reconnaît que les émotions jouent un rôle central dans la formation des expériences utilisateur, guidant les concepteurs vers des solutions plus résonnantes et empathiques.

L'inclusion de dimensions émotionnelles dans les personnages implique d'aller au-delà de la démographie et des comportements de surface pour explorer les réponses émotionnelles des utilisateurs aux expériences numériques. Ces archétypes émotionnels encapsulent les sentiments, les désirs et les réactions des utilisateurs, permettant aux concepteurs d'imaginer les voyages émotionnels que les utilisateurs entreprennent lorsqu'ils interagissent avec un produit. Par exemple, un personnage d'application de voyage peut inclure un archétype émotionnel d'un "Wanderlust Explorer", reflétant le désir d'aventure, de découverte et les émotions fortes associées au voyage.

Le concept de cartographie émotionnelle approfondit l'intégration des émotions dans les personnages. La cartographie émotionnelle consiste à identifier les points de contact clés tout au long de l'interaction d'un utilisateur avec un produit qui évoquent des réponses émotionnelles spécifiques. En identifiant les moments de plaisir, de frustration ou de satisfaction, les concepteurs peuvent façonner stratégiquement les expériences des utilisateurs pour amplifier les émotions positives et atténuer les émotions négatives. Par exemple, dans un personnage d'application de méditation, la cartographie émotionnelle peut mettre en évidence des moments de détente et d'accomplissement lors de sessions guidées.

Les archétypes émotionnels soulignent l'importance de la conception empathique en reconnaissant que les liens émotionnels des utilisateurs avec les produits stimulent l'engagement et la fidélité à long terme. Les concepteurs doivent comprendre les déclencheurs émotionnels des utilisateurs et adapter les expériences pour évoquer les réponses émotionnelles souhaitées. Un personnage représentant un "réalisateur motivé" sur une plate-forme d'apprentissage des langues peut inspirer des décisions de conception qui célèbrent les progrès des utilisateurs grâce à des récompenses et des repères visuels.

Les designers peuvent tirer parti des personnalités émotionnelles pour favoriser une identité de marque plus émotionnellement résonnante. Les conceptions axées sur les émotions améliorent non seulement les expériences des utilisateurs, mais établissent également un lien émotionnel fort entre les utilisateurs et les marques. Considérez un personnage pour une application de fitness incarnant un archétype "Dedicated Challenger", qui pourrait inspirer une marque à cultiver une identité motivante et stimulante, en résonance avec les utilisateurs en quête de transformation et d'accomplissement.

L'intégration des archétypes émotionnels dans les personas encourage le passage du design fonctionnel au design expérientiel. En reconnaissant que les utilisateurs recherchent l'épanouissement émotionnel et la connexion à travers les interactions numériques, les concepteurs peuvent développer des expériences qui transcendent l'utilitarisme. Par exemple, un archétype émotionnel représentant un "soignant nourricier" dans une application parentale pourrait influencer les décisions de conception qui donnent la priorité au soutien et à l'orientation émotionnels.

c. Jeu de rôle pour la compréhension de l'utilisateur

Le jeu de rôle pour la compréhension des utilisateurs est une méthodologie dynamique dans la conception de l'expérience utilisateur (UX) qui permet aux concepteurs de s'immerger dans les perspectives des utilisateurs, améliorant leur compréhension empathique des besoins, des comportements et des motivations des utilisateurs. Cette technique consiste à se mettre à la place de différents utilisateurs, à adopter leurs points de vue et à simuler leurs interactions avec les produits numériques. Grâce aux jeux de rôle, les concepteurs acquièrent des informations inestimables qui éclairent les décisions de conception, favorisant une approche centrée sur l'utilisateur qui transcende les compréhensions superficielles.

L'essence du jeu de rôle réside dans sa capacité à favoriser l'empathie en permettant aux concepteurs d'incarner les expériences des utilisateurs. En assumant temporairement des personnalités d'utilisateurs, les concepteurs peuvent visualiser les défis, les émotions et les objectifs rencontrés par les utilisateurs lors des interactions. Par exemple, un concepteur simulant l'expérience d'un utilisateur malvoyant naviguant sur un site Web acquiert une compréhension directe des complexités et des obstacles rencontrés par ce groupe d'utilisateurs.

Les sessions de jeu de rôle impliquent souvent des activités basées sur des scénarios où les concepteurs s'engagent dans des interactions scénarisées avec les produits. Par exemple, un concepteur jouant le rôle d'un navetteur occupé peut tenter d'acheter un billet de train à l'aide d'une application mobile aux heures de pointe. Ce jeu de rôle révèle les points de friction et les problèmes d'utilisabilité qui pourraient ne pas être évidents lors des tests d'utilisabilité traditionnels.

L'engagement empathique pendant le jeu de rôle est essentiel pour obtenir des informations authentiques. Les designers doivent investir dans la compréhension des états émotionnels et cognitifs des personnages qu'ils représentent. Cela implique d'adopter non seulement les actions des personnages, mais également leurs motivations, leurs frustrations et leurs processus de pensée. En s'immergeant complètement dans les personnages, les concepteurs peuvent découvrir les nuances émotionnelles qui influencent les comportements des utilisateurs.

Les séances de jeu de rôle servent souvent d'exercice de collaboration en équipe. Les concepteurs, les développeurs et d'autres parties prenantes peuvent participer, chacun adoptant des personnages différents pour simuler divers parcours d'utilisateurs. Cet engagement collectif favorise les connaissances interdisciplinaires et aligne les équipes autour des besoins des utilisateurs. Par exemple, lors d'une activité de jeu de rôle pour une application de voyage, les développeurs pourraient mieux comprendre les défis auxquels sont confrontés les utilisateurs à la recherche d'un hébergement de dernière minute.

Les connaissances acquises grâce au jeu de rôle peuvent être encore enrichies par la réflexion et la discussion. Après l'exercice de jeu de rôle, les participants partagent leurs observations, leurs défis et leurs principaux points à retenir. Ce processus de débriefing permet aux concepteurs de consolider leurs idées et d'explorer des solutions de conception potentielles qui répondent aux points faibles identifiés.

Chapitre 4 : Architecture de l'information empathique

a. Structures de navigation intuitives

Les structures de navigation intuitives sont au cœur d'une conception efficace de l'expérience utilisateur (UX), servant de cadre fondamental qui guide les utilisateurs à travers les interfaces numériques avec facilité et clarté. Le rôle de la navigation intuitive est de garantir que les utilisateurs peuvent accéder de manière transparente au contenu, effectuer des tâches et atteindre leurs objectifs sans rencontrer de tension cognitive ou de confusion. La réalisation de structures de navigation intuitives exige une compréhension approfondie des modèles mentaux des utilisateurs, des hiérarchies visuelles et de l'architecture de l'information.

Au cœur de la navigation intuitive se trouve le principe des modèles mentaux de l'utilisateur, qui sont les représentations mentales que les utilisateurs construisent sur le fonctionnement d'un système en fonction de leurs expériences et connaissances antérieures. Les concepteurs doivent aligner les structures de navigation sur les modèles mentaux des utilisateurs pour s'assurer que les interfaces sont familières et prévisibles. Par exemple, placer le menu de navigation principal en haut d'un site Web correspond aux attentes des utilisateurs en fonction de leur exposition à des mises en page similaires.

La hiérarchie visuelle des éléments de navigation joue un rôle central dans la conception intuitive. La hiérarchie visuelle utilise des techniques telles que la taille, la couleur et le positionnement pour guider l'attention des utilisateurs et transmettre l'importance relative des différentes options de navigation. Les concepteurs peuvent utiliser une police plus grande et une couleur distinctive pour les éléments de navigation principaux, les faisant ressortir et indiquant leur importance.

Une structure de navigation bien conçue intègre les principes de cohérence. La cohérence garantit que les éléments de navigation apparaissent à des emplacements prévisibles sur différentes pages, ce qui réduit la charge cognitive et permet aux utilisateurs de se déplacer rapidement dans les interfaces. Le placement cohérent d'une barre de recherche, par exemple, permet aux utilisateurs de la localiser facilement, quelle que soit la page sur laquelle ils se trouvent.

Le principe de segmentation divise le contenu en unités gérables et significatives, aidant les utilisateurs à traiter les informations et à prendre des décisions de navigation. Les concepteurs peuvent utiliser la segmentation en catégorisant les options de navigation sous des rubriques pertinentes. Par exemple, un site Web de commerce électronique peut regrouper les options de navigation dans des sections telles que "Électronique", "Vêtements" et "Maison et jardin".

Les structures de navigation hiérarchiques organisent le contenu en couches, permettant aux utilisateurs de naviguer de grandes catégories à des sous-catégories spécifiques. Cette structure reflète la tendance naturelle des utilisateurs à explorer progressivement le contenu. Par exemple, dans un site Web d'actualités, la navigation hiérarchique peut impliquer de passer de la catégorie générale "Actualités mondiales" à des sous-catégories plus spécifiques comme "Politique" ou "Science".

L'importance de la conception réactive dans la navigation intuitive ne peut être surestimée. Au fur et à mesure que les utilisateurs interagissent avec les interfaces numériques sur différents appareils et tailles d'écran, les structures de navigation doivent s'adapter de manière transparente. Les interfaces mobiles utilisent souvent des "menus hamburger" ou des panneaux de navigation masqués pour garantir que la navigation reste accessible sans encombrer l'espace limité de l'écran.

b. Flux contextuel et parcours utilisateur

Le flux contextuel et les parcours des utilisateurs forment les voies complexes que les utilisateurs traversent au sein des interfaces numériques, facilitant une expérience transparente et cohérente qui s'aligne sur leurs objectifs et leurs attentes. Le concept de flux contextuel reconnaît que les utilisateurs interagissent avec les interfaces dans des contextes spécifiques, tandis que les parcours des utilisateurs englobent la série d'étapes que les utilisateurs prennent pour atteindre leurs objectifs. Ensemble, ces concepts guident les concepteurs d'expérience utilisateur (UX) dans l'orchestration d'interactions qui répondent aux besoins et aux émotions des utilisateurs.

Le flux contextuel des interactions des utilisateurs reconnaît que les utilisateurs interagissent avec des produits numériques dans des contextes distincts, qui peuvent inclure leur emplacement, leur appareil, leur heure et leur objectif. Les concepteurs doivent adapter les interfaces pour s'adapter à ces divers contextes afin d'assurer une convivialité et une pertinence optimales. Par exemple, une application météo doit fournir des informations spécifiques à l'emplacement en fonction du contexte géographique de l'utilisateur, affichant les conditions météorologiques actuelles et les prévisions adaptées à sa localisation.

Les parcours des utilisateurs englobent le chemin complet que les utilisateurs empruntent lorsqu'ils interagissent avec un produit numérique pour accomplir une tâche ou un objectif spécifique. Ces parcours consistent en une séquence d'étapes que les utilisateurs traversent, du point d'entrée initial au résultat final. Les concepteurs cartographient méticuleusement les parcours des utilisateurs pour garantir une expérience cohérente et simplifiée. Par exemple, le parcours utilisateur d'une plate-forme de commerce électronique peut impliquer des étapes telles que la navigation dans les produits, la sélection des articles, l'ajout au panier et l'achèvement du processus de paiement.

L'importance de l'empathie dans la conception des parcours utilisateurs ne peut être surestimée. Les concepteurs doivent anticiper les besoins, les émotions et les obstacles potentiels des utilisateurs à chaque étape du parcours. La conception empathique consiste à comprendre les motivations et les comportements qui guident les décisions des utilisateurs. Par exemple, une approche empathique de la conception d'une application de covoiturage reconnaîtrait que les utilisateurs recherchent un transport pratique et rapide, incitant à l'inclusion de fonctionnalités telles que le suivi en temps réel et les heures d'arrivée estimées.

Les points de décision jouent un rôle essentiel dans les parcours des utilisateurs. Ces points impliquent des choix que font les utilisateurs, tels que la sélection d'un produit spécifique, le choix d'un plan d'abonnement particulier ou le choix d'un mode de paiement. Les concepteurs doivent s'assurer que les points de décision sont clairs et bien étayés par des informations pertinentes. Fournir des descriptions de produits concises, des détails sur les prix et des avis d'utilisateurs aux points de décision aide les utilisateurs à faire des choix éclairés.

La narration centrée sur l'utilisateur est une facette des parcours des utilisateurs qui implique de façonner les interactions sous forme de récits cohérents qui se déroulent naturellement. En tissant ensemble les interactions et les transitions des utilisateurs, les concepteurs créent un sentiment de progression qui reflète les processus cognitifs des utilisateurs. Par exemple, une application d'apprentissage peut structurer les parcours des utilisateurs sous forme de récits éducatifs, guidant les utilisateurs des concepts fondamentaux vers des sujets avancés.

Les parcours utilisateur adaptatifs s'adaptent aux divers comportements et besoins des utilisateurs. Ces parcours reconnaissent que les utilisateurs peuvent entrer et sortir de l'interface à différents points et sur divers appareils. La conception adaptative garantit que les utilisateurs peuvent poursuivre leurs déplacements en toute transparence, où qu'ils se trouvent et quel que soit l'appareil qu'ils utilisent. Par exemple, une application bancaire doit offrir une expérience cohérente sur tous les appareils, permettant aux utilisateurs d'initier une transaction sur leur smartphone et de la terminer sur leur ordinateur de bureau.

Chapitre 5 : Design émotionnel et narration visuelle

a. Concevoir pour un impact émotionnel

La conception pour l'impact émotionnel est une facette essentielle de la conception de l'expérience utilisateur (UX) qui transcende la simple fonctionnalité pour engager les utilisateurs à un niveau émotionnel profond. Cette approche reconnaît que les expériences humaines sont intrinsèquement imprégnées d'émotions, et en incorporant stratégiquement des éléments émotionnels dans les interfaces numériques, les concepteurs peuvent créer des interactions mémorables et résonnantes qui forgent des liens durables avec les utilisateurs.

La résonance émotionnelle implique la création d'interfaces qui évoquent des réponses émotionnelles alignées sur l'expérience utilisateur souhaitée. Les concepteurs doivent examiner méticuleusement les associations émotionnelles que les utilisateurs pourraient former avec le produit, le service ou le contenu. Par exemple, une application de relaxation peut utiliser des couleurs apaisantes, des animations douces et des sons apaisants pour évoquer un sentiment de tranquillité et de bien-être émotionnel.

L'utilisation de la narration dans la conception améliore l'impact émotionnel en créant des récits qui résonnent avec les émotions et les expériences des utilisateurs. La narration permet aux concepteurs de transmettre des messages, des valeurs et des identités de marque de manière à engager les utilisateurs sur les plans cognitif et émotionnel. Par exemple, un site Web de commerce électronique peut utiliser la narration pour partager le parcours des artisans derrière ses produits, favorisant une connexion entre les utilisateurs et les créateurs.

Le déploiement stratégique des déclencheurs émotionnels vise à susciter des réponses émotionnelles spécifiques de la part des utilisateurs. Les concepteurs exploitent la psychologie des couleurs, la typographie et les éléments visuels pour évoquer des émotions alignées sur les objectifs du produit. Par exemple, une application éducative pour enfants peut utiliser des couleurs vives et des illustrations ludiques pour créer une atmosphère d'excitation et de curiosité.

Les micro-interactions jouent un rôle crucial dans la conception d'un impact émotionnel. Ces animations, transitions et mécanismes de rétroaction subtils améliorent l'engagement des utilisateurs et la résonance émotionnelle. Une application de messagerie, par exemple, peut incorporer des micro-interactions ludiques comme des autocollants animés ou des animations personnalisées d'envoi de messages pour évoquer la joie et la connexion.

Le design émotionnel s'étend également au concept d'interfaces empathiques. Les interfaces empathiques sont celles qui comprennent les états émotionnels des utilisateurs et réagissent en conséquence. Ces interfaces reconnaissent les émotions des utilisateurs grâce à des fonctionnalités sensibles au contexte, telles que l'offre de messages de motivation lors de tâches difficiles ou la suggestion de contenu relaxant pendant les périodes de stress.

Les concepteurs doivent tenir compte des dimensions éthiques de la conception pour un impact émotionnel. Bien que l'évocation d'émotions positives puisse améliorer l'expérience des utilisateurs, la manipulation d'émotions négatives ou la manipulation émotionnelle à des fins commerciales est éthiquement discutable. La conception émotionnelle responsable donne la priorité au bien-être des utilisateurs et évite d'exploiter les vulnérabilités.

b. Raconter des histoires à travers des visuels

La narration à travers des visuels est une technique puissante dans la conception de l'expérience utilisateur (UX) qui exploite le pouvoir de l'imagerie pour transmettre des récits, évoquer des émotions et établir des liens avec les utilisateurs. Reconnaissant que les humains sont naturellement attirés par les histoires, les concepteurs exploitent les éléments visuels pour créer des expériences numériques immersives et engageantes qui résonnent à la fois aux niveaux cognitif et émotionnel.

La narration visuelle consiste à tisser des récits à travers des images, des graphiques et des illustrations, permettant aux utilisateurs de saisir intuitivement les concepts et les messages. Ces récits se déroulent à travers des séquences de visuels qui guident les utilisateurs à travers un scénario, favorisant la compréhension et l'engagement. Par exemple, une application de santé et de remise en forme peut utiliser une narration visuelle pour guider les utilisateurs à travers une routine d'entraînement personnalisée, améliorant ainsi la clarté et la motivation.

La résonance émotionnelle est une caractéristique de la narration visuelle. En décrivant des émotions et des expériences relatables, les concepteurs se connectent avec les utilisateurs sur le plan émotionnel. Les visuels peuvent évoquer l'empathie, la nostalgie, l'excitation ou l'inspiration, créant un sentiment de compréhension partagée. Par exemple, le site Web d'une organisation caritative peut utiliser des images d'individus bénéficiant de ses programmes pour évoquer l'empathie et encourager le soutien.

La narration visuelle se nourrit du principe de pertinence contextuelle. Les concepteurs doivent aligner les visuels sur le contenu et le contexte pour s'assurer que l'histoire est cohérente et significative. Le choix d'images qui reflètent l'essence du contenu améliore la compréhension et l'engagement émotionnel des utilisateurs. Une plateforme de cuisine en ligne, par exemple, peut accompagner une recette de guides visuels étape par étape pour améliorer la compréhension des utilisateurs du processus de cuisson.

La progression des visuels dans un récit reflète les processus cognitifs des utilisateurs, leur permettant d'absorber l'information de manière structurée. Les concepteurs peuvent utiliser des repères visuels tels que des flèches, des lignes ou des arrangements spatiaux pour guider l'attention des utilisateurs et faciliter un flux narratif transparent. Par exemple, une infographie illustrant l'évolution de la technologie peut utiliser une disposition chronologique pour présenter chronologiquement les étapes clés.

La narration visuelle est un langage universel qui transcende les barrières linguistiques. Les concepteurs peuvent utiliser des éléments visuels pour communiquer des concepts complexes à divers publics sans s'appuyer sur des explications textuelles. Une plate-forme d'apprentissage en ligne, par exemple, pourrait utiliser des infographies pour illustrer des concepts scientifiques, les rendant accessibles aux apprenants de différents horizons linguistiques.

L'intégration de personnages d'utilisateurs dans la narration visuelle garantit que les récits résonnent avec le public cible. En tenant compte des préférences, des comportements et des déclencheurs émotionnels des utilisateurs, les concepteurs peuvent personnaliser des récits visuels qui correspondent aux expériences et aux attentes des utilisateurs. Par exemple, un site Web de voyage ciblant les passionnés d'aventure peut utiliser des visuels de paysages à couper le souffle pour attirer les utilisateurs en quête de sensations fortes et d'exploration.

Des considérations éthiques sous-tendent la pratique de la narration visuelle. Les concepteurs doivent s'assurer que les éléments visuels utilisés représentent fidèlement le contenu et le contexte, en évitant toute fausse représentation ou manipulation. Une narration visuelle responsable respecte les perceptions et les sensibilités culturelles des utilisateurs tout en favorisant la transparence et l'authenticité.

c. Psychologie des couleurs et image de marque

La psychologie des couleurs et l'image de marque représentent une relation symbiotique dans le domaine de la conception de l'expérience utilisateur (UX), où l'utilisation stratégique des couleurs détient le pouvoir d'évoquer des émotions, de transmettre des messages et d'établir des identités de marque fortes. La sélection et l'application des couleurs dans les interfaces numériques influencent les perceptions, les interactions et les associations des utilisateurs, ce qui en fait des outils essentiels pour les concepteurs pour façonner les expériences des utilisateurs.

La psychologie des couleurs explore les réponses psychologiques et émotionnelles suscitées par différentes couleurs. Les couleurs possèdent des qualités innées qui déclenchent des émotions et des associations spécifiques, souvent enracinées dans des facteurs culturels, biologiques et expérientiels. Les concepteurs exploitent ces associations de couleurs pour susciter les réactions émotionnelles souhaitées chez les utilisateurs. Par exemple, des couleurs chaudes comme le rouge et l'orange peuvent évoquer des sentiments d'excitation et d'énergie, tandis que des couleurs froides comme le bleu et le vert peuvent évoquer le calme et la tranquillité.

Les couleurs sont des éléments essentiels dans les stratégies de marque, servant de repères visuels qui communiquent les valeurs, la personnalité et l'identité d'une marque. La cohérence de l'utilisation des couleurs dans les interfaces numériques, les supports marketing et les produits favorise une présence de marque forte et reconnaissable. Des marques comme Coca-Cola et McDonald's sont des exemples emblématiques de branding axé sur la couleur, où le rouge et le jaune évoquent respectivement les notions d'énergie, de chaleur et d'indulgence.

Le symbolisme des couleurs varie selon les cultures et les contextes, soulignant la nécessité d'une sensibilité culturelle dans les choix de couleurs. Une couleur associée au bonheur dans une culture peut représenter le deuil dans une autre. Les concepteurs doivent tenir compte de la portée mondiale des interfaces numériques et s'assurer que les choix de couleurs correspondent aux sensibilités culturelles des utilisateurs. Par exemple, la couleur blanche symbolise la pureté et les nouveaux départs dans de nombreuses cultures occidentales, mais signifie le deuil dans certaines cultures asiatiques.

Les combinaisons de couleurs jouent un rôle important dans la création d'interfaces harmonieuses et visuellement attrayantes. Les concepteurs doivent tenir compte des principes de la théorie des couleurs, tels que les schémas de couleurs complémentaires, analogues et monochromatiques, pour s'assurer que les couleurs fonctionnent ensemble de manière cohérente. Une application de rencontres, par exemple, peut utiliser une combinaison de couleurs romantiques de roses doux et de violets en sourdine pour évoquer des sentiments d'intimité et de connexion.

Le contraste et la lisibilité sont des considérations essentielles lors de l'application de couleurs aux interfaces numériques. Un contraste insuffisant entre le texte et les couleurs d'arrière-plan peut nuire à la lisibilité et à l'accessibilité, en particulier pour les utilisateurs malvoyants. Les concepteurs doivent respecter les directives de contraste des couleurs, telles que celles décrites dans les directives pour l'accessibilité du contenu Web (WCAG), afin de garantir que le contenu reste lisible pour tous les utilisateurs.

L'adaptation des couleurs aux différents appareils et plates-formes assure la cohérence et la cohérence sur les différents écrans et contextes. Les couleurs peuvent apparaître différemment sur différents écrans en raison de facteurs tels que la technologie d'affichage et l'éclairage ambiant. Les concepteurs doivent tester les choix de couleurs sur plusieurs appareils pour s'assurer que l'impact émotionnel souhaité est maintenu.

Les considérations éthiques englobent le potentiel de manipulation des couleurs et son impact sur les perceptions des utilisateurs. Les concepteurs doivent éviter de manipuler les couleurs pour tromper ou exploiter les utilisateurs. L'utilisation responsable de la psychologie des couleurs et de l'image de marque implique la transparence, l'authenticité et un alignement avec les valeurs et les messages de la marque.

Chapitre 6 : Conception d'interaction transparente

a. Construire des interfaces intuitives

La création d'interfaces intuitives est la pierre angulaire de la conception de l'expérience utilisateur (UX), visant à créer des expériences numériques dans lesquelles les utilisateurs peuvent naviguer et interagir sans effort et instinctivement. Les interfaces intuitives minimisent la charge cognitive, rationalisent les interactions et guident les utilisateurs vers la réalisation de leurs objectifs de manière transparente et efficace. La recherche d'une conception intuitive reflète l'engagement des concepteurs à être centré sur l'utilisateur, garantissant que les utilisateurs peuvent interagir avec les produits numériques sans avoir besoin d'un apprentissage approfondi ou d'instructions explicites.

Au cœur des interfaces intuitives se trouve le principe de familiarité, où les concepteurs s'appuient sur les modèles mentaux et les expériences existants des utilisateurs. En alignant les éléments d'interface avec les attentes des utilisateurs, les concepteurs permettent aux utilisateurs de transférer leurs connaissances et interactions antérieures au nouveau contexte. Par exemple, une application d'achat peut incorporer une icône de panier d'achat qui ressemble à un panier d'achat réel, transmettant instantanément son objectif aux utilisateurs.

La cohérence est un principe fondamental de la conception intuitive. Le placement cohérent des éléments de navigation, des boutons et des interactions sur différents écrans favorise la prévisibilité et réduit la confusion. Les utilisateurs peuvent naviguer en toute confiance dans les interfaces sans avoir à réapprendre les interactions. Une application de messagerie, par exemple, conserve des icônes et des boutons cohérents pour composer, envoyer et supprimer des e-mails.

Le concept d'affordances joue un rôle central dans les interfaces intuitives. Les affordances sont des repères visuels ou fonctionnels qui suggèrent comment un élément doit être interagi avec. Les concepteurs doivent s'assurer que les affordances sont claires et alignées sur les attentes des utilisateurs. L'apparence surélevée d'un bouton cliquable ou l'orientation horizontale d'un curseur fournit des indications aux utilisateurs sur leurs fonctions.

Les mécanismes de rétroaction renforcent les interactions intuitives en fournissant aux utilisateurs des réponses immédiates à leurs actions. Les repères visuels, les animations et les effets sonores reconnaissent les interactions de l'utilisateur, confirmant que leurs entrées ont été enregistrées. Dans un processus de soumission de formulaire, une animation de chargement ou un message de réussite indique aux utilisateurs que leur action a été traitée.

La divulgation progressive est une technique qui dévoile l'information progressivement, réduisant ainsi la surcharge cognitive. Les interfaces complexes peuvent présenter des informations en couches, révélant des détails supplémentaires lorsque les utilisateurs expriment un intérêt ou un besoin. Une application météo mobile, par exemple, peut afficher la température actuelle et les conditions météorologiques générales à l'avance, avec la possibilité d'accéder à des prévisions plus détaillées via un robinet supplémentaire.

La hiérarchisation stratégique des informations garantit que les utilisateurs rencontrent en premier le contenu le plus pertinent. Les concepteurs doivent anticiper les besoins des utilisateurs et diriger leur attention vers les éléments les plus importants. Une application d'actualités peut présenter les dernières actualités en haut du flux, suivies d'un contenu moins urgent.

Les considérations éthiques englobent le potentiel de modèles sombres, qui sont des techniques de conception manipulatrices qui orientent les utilisateurs vers des actions involontaires. La conception intuitive doit respecter les principes éthiques en garantissant que les interfaces respectent l'autonomie des utilisateurs et leur permettent de prendre des décisions éclairées.

b. Microinteractions pour le plaisir

Les micro-interactions, souvent négligées mais très influentes, sont des interactions petites et subtiles au sein des interfaces numériques qui ont le pouvoir de susciter le plaisir, d'améliorer l'engagement des utilisateurs et d'améliorer l'expérience utilisateur globale (UX). Ces interactions minuscules, telles qu'une animation de bouton, un son de notification ou un spinner de chargement, ajoutent une couche d'interactivité et de personnalité aux interfaces, favorisant les connexions émotionnelles et les interactions mémorables.

Les microinteractions sont les maîtres de la résonance émotionnelle. En incorporant de délicieuses animations, transitions et sons, les concepteurs peuvent évoquer des émotions positives telles que la surprise, la satisfaction et la joie. Par exemple, une application de covoiturage peut accueillir les utilisateurs avec une animation joyeuse lorsqu'ils réservent un trajet avec succès, créant ainsi un lien émotionnel entre les utilisateurs et l'application.

La rétroaction et la réactivité font partie intégrante des microinteractions qui garantissent aux utilisateurs que leurs actions ont été reconnues et traitées. Les micro-interactions fournissent des signaux visuels et auditifs qui reconnaissent les entrées de l'utilisateur, renforçant ainsi un sentiment d'engagement et de contrôle. Un bouton "J'aime" passant du gris au bleu lors d'un clic dans une application de réseau social ou une animation "cœur" apparaissant lors de la mise en favori d'un article dans une application de commerce électronique sont des exemples de microinteractions axées sur les commentaires.

Le concept de continuité visuelle joue un rôle central dans les microinteractions. Les concepteurs doivent s'assurer que les micro-interactions sont cohérentes avec le langage visuel global et l'identité de marque de l'interface. La cohérence favorise une expérience utilisateur cohésive et cohérente, où les micro-interactions s'intègrent de manière transparente dans l'écosystème de conception plus large.

Les micro-interactions peuvent également servir d'aides à la micro-navigation qui guident les utilisateurs à travers l'interface. Par exemple, un effet de survol sur un bouton peut subtilement révéler des informations supplémentaires sur sa fonctionnalité, permettant aux utilisateurs de prendre des décisions éclairées sans encombrer l'interface avec du texte ou des éléments visuels excessifs.

Les microaffordances sont des indices subtils au sein des microinteractions qui suggèrent des actions possibles aux utilisateurs. Un effet lumineux sur un bouton lors du survol ou l'expansion d'une icône de menu déroulant lors d'un clic sont des exemples de microaffordances qui encouragent l'exploration et l'interaction des utilisateurs.

Les considérations éthiques dans les microinteractions englobent l'équilibre entre l'amélioration de l'engagement et la prévention de la surstimulation. Les concepteurs doivent s'assurer que les micro-interactions améliorent la convivialité plutôt que de distraire ou de submerger les utilisateurs. La conception responsable de la microinteraction donne la priorité à la clarté, à la pertinence et aux préférences de l'utilisateur.

c. Principes de Gestalt en interaction

Les principes de la Gestalt, issus de la psychologie de la Gestalt, sont des concepts fondamentaux qui sous-tendent l'organisation des éléments visuels et la perception humaine. Dans le domaine de la conception de l'expérience utilisateur (UX), ces principes servent de cadres directeurs pour la création d'interfaces visuellement cohérentes, intuitives et attrayantes. Les concepteurs tirent parti des principes de la Gestalt pour faciliter la compréhension des interfaces par les utilisateurs, leur permettant d'interpréter et d'interagir avec le contenu numérique sans effort.

La relation figure-sol est un principe de Gestalt qui met en évidence la distinction entre les éléments de premier plan (figure) et d'arrière-plan (sol) dans une conception. Les concepteurs utilisent ce principe pour créer des hiérarchies visuelles claires, garantissant que les utilisateurs peuvent faire la différence entre le contenu important et les éléments de support. Par exemple, un site Web d'actualités peut utiliser des couleurs contrastées pour distinguer les titres (figure) du contenu d'arrière-plan.

La proximité accentue la tendance à percevoir des éléments proches les uns des autres comme appartenant au même groupe. Les concepteurs utilisent ce principe pour regrouper visuellement le contenu connexe, améliorant ainsi l'organisation et la clarté des interfaces. Dans une liste de produits, par exemple, les articles avec des attributs similaires sont souvent placés à proximité pour indiquer leur association.

La similarité affirme que les éléments partageant des traits visuels tels que la couleur, la forme ou la taille sont perçus comme liés ou appartenant à une catégorie commune. Les designers capitalisent sur ce principe pour catégoriser et différencier les contenus. Les icônes avec des couleurs cohérentes dans une barre de navigation, par exemple, signalent leur fonctionnalité partagée en raison de leur similitude.

La continuité suggère que l'œil humain suit naturellement des lignes ou des chemins continus. Les concepteurs exploitent ce principe pour guider l'attention des utilisateurs et parcourir les interfaces. Des transitions douces et des lignes courbes peuvent conduire les utilisateurs d'une section à une autre de manière transparente et intuitive.

La fermeture fait référence à la tendance humaine à compléter mentalement des formes ou des motifs incomplets. Les designers tirent parti de ce principe pour créer des associations visuelles et transmettre du sens. Par exemple, une plate-forme de commerce électronique peut utiliser une image abstraite d'un sac à provisions dont seule la partie supérieure est visible, en s'appuyant sur la fermeture pour communiquer son objectif.

La symétrie et l'équilibre impliquent d'arranger les éléments de manière symétrique ou équilibrée, favorisant un sentiment d'harmonie et d'ordre. Les concepteurs appliquent ce principe pour créer des interfaces esthétiques et organisées. Une application de planification d'événements peut utiliser des mises en page symétriques pour transmettre un sentiment d'équilibre et de professionnalisme.

Les points focaux mettent en évidence les éléments qui se démarquent des autres par leur taille, leur couleur ou leur contraste. Les concepteurs utilisent stratégiquement les points focaux pour attirer l'attention des utilisateurs sur le contenu ou les actions essentielles. Un bouton d'appel à l'action avec une couleur contrastante dans un formulaire peut servir de point focal, guidant les utilisateurs vers l'action souhaitée.

Chapitre 7 : Tests d'utilisabilité et commentaires utilisateurs

a. Importance des tests d'utilisabilité

Les tests d'utilisabilité sont une méthodologie fondamentale dans la conception de l'expérience utilisateur (UX) qui joue un rôle central dans l'évaluation de l'efficacité, de l'efficience et de la convivialité des interfaces numériques. Cette approche empirique consiste à observer les utilisateurs réels lorsqu'ils interagissent avec un produit, permettant aux concepteurs d'identifier les problèmes d'utilisabilité, de recueillir des informations précieuses et d'affiner les solutions de conception. L'importance des tests d'utilisabilité réside dans sa capacité à combler le fossé entre les intentions de conception et les expériences des utilisateurs, en veillant à ce que les produits numériques répondent aux besoins et aux attentes des utilisateurs.

Les tests d'utilisabilité offrent la possibilité de découvrir des problèmes d'utilisabilité qui pourraient autrement passer inaperçus pendant le processus de conception. En observant les interactions des utilisateurs dans des contextes réels, les concepteurs peuvent identifier les points faibles, les difficultés de navigation et d'autres obstacles qui entravent les expériences utilisateur fluides. Par exemple, tester un site Web de commerce électronique peut révéler que les utilisateurs ont du mal à trouver le bouton de paiement en raison de son emplacement dans une interface encombrée.

Le processus de raffinement itératif est au cœur des tests d'utilisabilité. Les concepteurs peuvent implémenter les commentaires des sessions de test d'utilisabilité pour améliorer l'interface de manière itérative. Ce cycle d'amélioration continue garantit que les décisions de conception sont informées par le comportement et les préférences réels des utilisateurs. Une application mobile pour un service bancaire, par exemple, peut affiner son interface utilisateur en fonction des commentaires des tests d'utilisabilité afin de rationaliser le processus de transfert de fonds entre les comptes.

Les tests d'utilisabilité offrent une possibilité de validation par l'utilisateur, permettant aux concepteurs d'évaluer si le produit correspond aux modèles mentaux et aux attentes des utilisateurs. Les commentaires verbaux, les expressions faciales et les interactions des utilisateurs lors des sessions de test d'utilisabilité fournissent des informations précieuses sur leurs processus de réflexion et leurs réactions. Par exemple, les expressions de confusion des utilisateurs lors d'un test d'utilisabilité peuvent indiquer que l'architecture de l'information du produit doit être clarifiée.

La pratique des tests d'utilisabilité avec diverses personnalités d'utilisateurs garantit que le produit s'adresse à un large éventail d'utilisateurs. Différentes personnes peuvent avoir des besoins, des préférences et des niveaux de familiarité avec la technologie différents. Les tests avec divers personnages exposent des défauts de conception qui pourraient affecter de manière disproportionnée des groupes d'utilisateurs spécifiques. Par exemple, tester une application éducative avec des étudiants et des personnes âgées peut mettre en évidence des problèmes de navigation pour les utilisateurs plus âgés.

Les tests d'utilisabilité sont essentiels pour valider les décisions de conception et les justifier auprès des parties prenantes. Les données objectives recueillies lors des sessions de tests d'utilisabilité fournissent des preuves tangibles des forces et des faiblesses de la conception. La présentation des résultats des tests d'utilisabilité aux parties prenantes peut favoriser une compréhension commune des priorités de conception et de la justification des choix de conception. Ceci est particulièrement utile dans les situations où les décisions de conception sont débattues ou nécessitent une justification.

La pratique des tests d'utilisabilité à distance accueille des participants de différents emplacements géographiques, élargissant la portée des tests d'utilisabilité et garantissant des perspectives d'utilisateurs diverses. Les tests à distance permettent aux concepteurs de recueillir des informations auprès d'utilisateurs qui peuvent ne pas être physiquement présents pour les sessions de test en personne. Ceci est particulièrement avantageux pour les produits ayant une base d'utilisateurs mondiale, car il capture les nuances culturelles et régionales.

b. Réalisation de tests d'utilisabilité efficaces

La réalisation de tests d'utilisabilité efficaces est une pratique cruciale dans le domaine de la conception de l'expérience utilisateur (UX), car elle permet aux concepteurs d'obtenir des informations précieuses sur les comportements, les préférences et les interactions des utilisateurs avec les interfaces numériques. Les tests d'utilisabilité sont un processus systématique qui implique la planification, l'exécution, l'observation et l'analyse pour découvrir les problèmes d'utilisabilité et affiner les conceptions. Pour garantir la validité et la fiabilité des résultats des tests d'utilisabilité, les concepteurs doivent adhérer aux meilleures pratiques établies qui facilitent la collecte de données précises et des informations significatives.

Des objectifs et une portée clairs sont des conditions préalables essentielles pour des tests d'utilisabilité efficaces. Les concepteurs doivent définir des objectifs spécifiques qu'ils visent à atteindre par le biais de tests, tels que l'identification des difficultés de navigation ou l'évaluation de la clarté de l'architecture de l'information. De plus, l'établissement de la portée du test, qu'il couvre une fonctionnalité spécifique, un parcours utilisateur ou l'interface globale, garantit que le processus de test reste ciblé et aligné sur les objectifs de recherche.

La sélection des participants est un aspect critique qui contribue à la validité des tests d'utilisabilité. Les concepteurs doivent recruter des participants qui représentent le groupe démographique de l'utilisateur cible. Par exemple, une application de livraison de nourriture peut recruter des participants allant de la génération Y férue de technologie à des personnes âgées moins alphabétisées en technologie pour capturer un éventail complet de perspectives.

La conception de scénarios et de tâches consiste à créer des scénarios et des tâches réalistes qui simulent les interactions de l'utilisateur avec l'interface. Les concepteurs doivent élaborer des tâches pertinentes pour l'objectif du produit et conformes aux objectifs du test. Par exemple, tester une plate-forme d'apprentissage en ligne peut impliquer des tâches telles que trouver un cours spécifique, s'y inscrire et naviguer dans les supports d'apprentissage.

L'observation et la collecte de données lors des tests d'utilisabilité nécessitent une surveillance discrète des interactions des participants avec l'interface. Les concepteurs doivent équilibrer la prise de notes et l'écoute active pour capturer à la fois des informations qualitatives (commentaires des participants, rétroaction) et des données quantitatives (temps d'achèvement, taux de réussite). L'utilisation d'outils d'enregistrement, tels que les enregistrements d'écran et les expressions faciales, peut fournir des informations contextuelles précieuses pour compléter l'analyse des données.

Le protocole Think-Aloud encourage les participants à exprimer leurs pensées, permettant aux concepteurs de comprendre les processus décisionnels et les réactions émotionnelles des utilisateurs. Ce protocole offre des informations précieuses sur les attentes des utilisateurs, les incertitudes et la justification de leurs actions. Par exemple, lors de l'utilisation d'un site Web de réservation de voyages, un participant peut exprimer sa frustration s'il rencontre des difficultés pour sélectionner les dates de voyage.

Minimiser les biais et l'influence est essentiel lors des tests d'utilisabilité pour s'assurer que les comportements des participants sont naturels et non influencés par des facteurs externes. Les concepteurs doivent adopter un comportement neutre et s'abstenir de guider les participants ou de proposer des solutions. Cela garantit que les actions et les réactions des participants sont authentiques, ce qui conduit à des informations plus précises.

L'analyse des données et les informations exploitables sont l'aboutissement des tests d'utilisabilité. Les concepteurs examinent les données collectées pour identifier les modèles récurrents, les problèmes d'utilisabilité et les domaines à améliorer. Les données quantitatives, telles que les taux d'achèvement, les taux d'erreur et le temps consacré aux tâches, fournissent des mesures objectives de la convivialité. Les données qualitatives, telles que les commentaires et les réactions des participants, offrent des informations nuancées sur les expériences et les frustrations des utilisateurs.

Chapitre 8 : Cohérence multiplateforme

a. Conception pour des expériences multi-appareils

La conception d'expériences multi-appareils est un aspect fondamental de la conception de l'expérience utilisateur (UX) qui reconnaît le paysage diversifié des appareils numériques avec lesquels les utilisateurs interagissent. Avec la prolifération des smartphones, tablettes, ordinateurs portables, ordinateurs de bureau, téléviseurs intelligents et appareils portables, les concepteurs sont confrontés au défi de créer des interfaces qui s'adaptent de manière transparente et offrent des expériences cohérentes sur divers appareils. La conception d'expériences multi-appareils nécessite une compréhension des principes de conception réactive, des comportements des utilisateurs et des subtilités de chaque catégorie d'appareils.

La conception réactive constitue la pierre angulaire de la conception d'expériences multi-appareils. La conception réactive garantit que les interfaces s'adaptent dynamiquement aux différentes tailles, orientations et résolutions d'écran. Des mises en page fluides, des images flexibles et des requêtes multimédias permettent aux interfaces de passer d'une vue de bureau à une vue adaptée aux mobiles sans sacrifier la convivialité ou l'esthétique. Par exemple, un site Web d'actualités peut réorganiser les éléments de contenu pour une lisibilité et une navigation optimales sur l'écran d'un smartphone.

Comprendre le contexte et les comportements des utilisateurs est essentiel lors de la conception d'expériences multi-appareils. Les comportements et les intentions des utilisateurs varient en fonction de l'appareil qu'ils utilisent, du contexte dans lequel ils interagissent et de leurs besoins immédiats. Par exemple, un utilisateur accédant à un site Web de recettes sur un smartphone peut rechercher des instructions rapides et concises, tandis que le même utilisateur sur un ordinateur portable peut préférer une recette plus complète avec des détails et des images supplémentaires.

Les concepteurs doivent donner la priorité à la hiérarchie du contenu pour s'assurer que les informations les plus critiques sont accessibles quel que soit l'appareil. La prise en compte de l'approche "mobile-first", où les concepteurs conçoivent pour les appareils mobiles avant de passer à des écrans plus grands, aide à prioriser le contenu et les interactions essentiels. Une application bancaire, par exemple, peut mettre l'accent sur le solde et les transactions récentes sur son interface mobile, garantissant ainsi aux utilisateurs un accès rapide aux informations financières cruciales.

Les considérations tactiles et gestuelles sont primordiales lors de la conception d'appareils dotés d'écrans tactiles, tels que les smartphones et les tablettes. Les concepteurs doivent s'assurer que les cibles tactiles sont suffisamment grandes et espacées pour s'adapter à différentes tailles de doigts et réduire la probabilité de tapotements accidentels. Les gestes tels que balayer, pincer et taper doivent être intuitifs et cohérents sur toutes les catégories d'appareils.

L'intégration de fonctionnalités spécifiques à l'appareil améliore l'expérience utilisateur en tirant parti des capacités uniques de différents appareils. Par exemple, une application météo conçue pour une smartwatch peut utiliser la capacité de l'appareil à fournir des mises à jour en temps réel basées sur la localisation, tandis que la même application sur un smartphone peut offrir des prévisions météorologiques plus détaillées.

Les tests et l'itération sont essentiels pour garantir que les expériences multi-appareils sont cohérentes et conviviales. Les tests d'utilisabilité doivent être effectués sur divers appareils pour identifier les problèmes d'utilisabilité potentiels, tels que les problèmes de navigation ou les incohérences dans les éléments de conception. Des améliorations itératives basées sur les commentaires des tests garantissent que les interfaces sont affinées pour offrir des expériences optimales sur chaque appareil.

Les considérations éthiques dans la conception multi-appareils impliquent de s'assurer que les interfaces sont accessibles aux utilisateurs handicapés sur tous les appareils. Les concepteurs doivent respecter les normes et directives d'accessibilité, telles que les directives pour l'accessibilité des contenus Web (WCAG), afin de garantir que les utilisateurs aux capacités diverses puissent interagir de manière transparente avec les interfaces numériques.

b. Maintenir la cohérence de la marque

La cohérence de la marque est la pierre angulaire d'une conception efficace de l'expérience utilisateur (UX), garantissant que les interfaces numériques transmettent une identité de marque unifiée et cohérente à travers divers points de contact. La cohérence des éléments de conception, du langage visuel, du ton et des messages favorise la reconnaissance de l'utilisateur, la confiance et un sentiment de familiarité. Le maintien de la cohérence de la marque implique une planification stratégique, le respect des directives de la marque et un engagement à maintenir l'essence de la marque tout au long du parcours de l'utilisateur.

Les éléments de conception et le langage visuel constituent l'incarnation visuelle d'une marque. Les logos, les palettes de couleurs, la typographie et l'imagerie définissent collectivement l'identité visuelle d'une marque. La cohérence de ces éléments à travers les interfaces numériques assure une reconnaissance instantanée et renforce la personnalité de la marque. Par exemple, Google emploie une utilisation cohérente de ses couleurs primaires et une esthétique de conception minimaliste dans tous ses produits, créant une identité de marque unifiée.

Le ton et les messages reflètent la voix et les valeurs de la marque. La constance dans le ton, qu'il soit décontracté, formel, ludique ou informatif, contribue à une image de marque cohérente. Les messages qui s'alignent sur la philosophie de la marque trouvent un écho auprès des utilisateurs à un niveau plus profond. Une marque engagée dans la durabilité environnementale peut utiliser des messages cohérents qui mettent l'accent sur ses pratiques respectueuses de l'environnement à travers divers points de contact numériques.

L'alignement avec les attentes des utilisateurs est essentiel pour maintenir la cohérence de la marque. Les utilisateurs forment des attentes à propos d'une marque sur la base d'interactions et d'associations antérieures. S'écarter de ces attentes peut semer la confusion et éroder la confiance. Par exemple, un site e-commerce connu pour ses prix compétitifs doit constamment proposer des offres et des remises pour répondre aux attentes des utilisateurs.

La cohérence entre les catégories d'appareils est essentielle pour garantir une expérience fluide et cohérente aux utilisateurs qui interagissent avec les interfaces sur différents appareils. Les concepteurs doivent s'assurer que les éléments de conception, les interactions et les messages restent cohérents, que les utilisateurs accèdent à l'interface sur un ordinateur de bureau, une tablette ou un smartphone.

Les concepteurs doivent adhérer aux directives de la marque qui décrivent les paramètres visuels et communicatifs de la marque. Les directives de la marque fournissent un plan pour maintenir la cohérence dans la conception et la messagerie, garantissant que tous les membres de l'équipe et les parties prenantes adhèrent aux mêmes normes. S'écarter des lignes directrices de la marque risque de diluer l'identité de la marque et d'affaiblir son impact.

La cohérence entre les points de contact garantit une expérience unifiée pour les utilisateurs sur diverses plateformes numériques. Des sites Web et des applications mobiles aux profils de médias sociaux et aux communications par e-mail, chaque point de contact doit refléter l'identité de la marque de manière cohérente. Une chaîne de restauration rapide, par exemple, doit s'assurer que son application, son site Web et ses pages de médias sociaux incarnent tous les mêmes couleurs, images et messages de marque.

Les considérations éthiques dans le maintien de la cohérence de la marque englobent l'authenticité et la transparence. La cohérence ne doit pas se faire au prix de fausses déclarations ou de dissimulation de défauts. Les marques doivent rester authentiques et transparentes dans leurs communications, reflétant leurs vraies valeurs et pratiques.

Chapitre 9 : Design persuasif et influence comportementale

a. Psychologie de la persuasion

La psychologie de la persuasion est la pierre angulaire d'une conception efficace de l'expérience utilisateur (UX), ancrée dans la compréhension des processus cognitifs humains et des déclencheurs comportementaux. S'inspirant de la psychologie sociale et de l'économie comportementale, les concepteurs exploitent des techniques persuasives pour guider les comportements des utilisateurs, encourager les actions souhaitées et favoriser l'engagement avec les interfaces numériques. La psychologie de la persuasion reconnaît que la prise de décision humaine est souvent influencée par des signaux subtils, des émotions et des biais cognitifs.

La réciprocité est un principe persuasif qui tire parti de la tendance humaine à rendre des faveurs. Les concepteurs offrent aux utilisateurs un contenu précieux, des incitations ou des récompenses pour encourager l'engagement ou les conversions. Par exemple, un site Web de commerce électronique pourrait fournir aux utilisateurs un code de réduction en échange de l'abonnement à leur newsletter, invoquant le sens de la réciprocité.

La rareté capitalise sur la peur de manquer quelque chose. En mettant l'accent sur les quantités limitées, les offres urgentes ou l'exclusivité, les concepteurs suscitent un sentiment d'urgence qui incite les utilisateurs à agir immédiatement. Un site Web de réservation de voyages peut afficher une disponibilité limitée pour une chambre d'hôtel, incitant les utilisateurs à réserver rapidement pour sécuriser leur séjour.

La preuve sociale repose sur la tendance à se conformer aux comportements des autres, en particulier dans des situations incertaines. Les concepteurs utilisent des témoignages, des critiques d'utilisateurs et des partages sur les réseaux sociaux pour présenter les expériences positives d'autres utilisateurs, incitant les utilisateurs potentiels à emboîter le pas. Une boutique d'applications proposant des avis et des évaluations d'utilisateurs influence la décision des utilisateurs de télécharger ou d'acheter une application.

L'autorité fait appel au respect et à la confiance que les gens ont pour des sources crédibles. En présentant des informations d'experts, de professionnels ou de personnalités faisant autorité, les concepteurs établissent leur crédibilité et encouragent les utilisateurs à suivre les recommandations. Par exemple, une application de santé et de bien-être peut présenter des recommandations de professionnels de la santé renommés pour renforcer la confiance des utilisateurs dans son efficacité.

La cohérence et l'engagement capitalisent sur le désir des gens de maintenir la cohérence dans leurs croyances et leurs actions. Les concepteurs invitent les utilisateurs à prendre de petits engagements, les amenant progressivement vers des actions plus importantes. Un processus d'inscription qui commence par une simple étape, telle que la création d'un nom d'utilisateur, encourage les utilisateurs à terminer le processus d'inscription.

Aimer souligne le pouvoir des relations interpersonnelles et de l'attractivité. Les concepteurs utilisent des images relatables, un langage empathique et des personnages relatables pour établir une personnalité de marque sympathique avec laquelle les utilisateurs se connectent émotionnellement. Une application de livraison de nourriture peut utiliser des images de personnes prenant leurs repas ensemble pour créer un sentiment de camaraderie.

Le cadrage et l'ancrage impliquent de présenter des informations d'une manière qui influence les perceptions et les décisions des utilisateurs. En encadrant les options positivement ou négativement, les concepteurs guident les utilisateurs vers des choix spécifiques. Un détaillant en ligne peut définir une vente comme "70 % de réduction" au lieu de "30 % de réduction", créant ainsi une perception plus convaincante de la valeur de la transaction.

Les considérations éthiques dans la psychologie de la persuasion impliquent la transparence, le respect de l'autonomie des utilisateurs et l'utilisation responsable des techniques de persuasion. Les concepteurs doivent éviter de manipuler les utilisateurs ou d'employer des motifs sombres qui les trompent ou les contraignent. Au lieu de cela, des techniques persuasives doivent être utilisées pour améliorer les expériences des utilisateurs et apporter de la valeur.

b. Concevoir pour le changement de comportement

La conception pour le changement de comportement est une approche dynamique et multidisciplinaire au sein de la conception de l'expérience utilisateur (UX) qui vise à influencer les comportements, les habitudes et les choix des utilisateurs grâce à des stratégies de conception réfléchies. S'inspirant de la psychologie, de l'économie comportementale et des principes de conception persuasive, cette approche reconnaît que les interfaces numériques peuvent servir de catalyseurs pour des transformations positives des comportements. En utilisant l'empathie, en comprenant les motivations des utilisateurs et en exploitant des techniques persuasives, les concepteurs peuvent créer des interfaces qui incitent les utilisateurs à adopter de nouveaux comportements, à rompre avec les anciennes habitudes et à atteindre les résultats souhaités.

Comprendre les motivations et les déclencheurs des utilisateurs est fondamental pour concevoir un changement de comportement. Les concepteurs doivent approfondir les facteurs psychologiques qui déterminent les comportements humains, tels que les motivations intrinsèques, les récompenses extrinsèques et les influences sociales. Par exemple, une application de fitness peut exploiter le désir d'auto-amélioration des utilisateurs en offrant des badges virtuels et des récompenses pour avoir franchi des étapes d'exercice.

Les commentaires et la définition d'objectifs sont des éléments essentiels qui permettent aux utilisateurs de suivre leurs progrès et de rester motivés. Les concepteurs créent des interfaces qui offrent des commentaires en temps réel, tels que des barres de progression, des réalisations ou des notifications, qui donnent aux utilisateurs un sentiment d'accomplissement et les encouragent à poursuivre leurs efforts. Une application d'apprentissage des langues peut afficher les séquences quotidiennes des utilisateurs pour motiver une pratique linguistique cohérente.

Nudging et Choice Architecture impliquent de guider doucement les utilisateurs vers les comportements souhaités sans imposer de restrictions. Les concepteurs utilisent des repères visuels, des micro-interactions et des éléments de conception persuasifs pour inciter les utilisateurs à faire des choix alignés sur leurs objectifs. Un site Web d'achat en ligne peut placer des produits respectueux de l'environnement en tête des résultats de recherche pour inciter les utilisateurs à prendre des décisions d'achat plus durables.

La gamification utilise des éléments de type jeu, tels que des défis, des compétitions et des récompenses, pour engager les utilisateurs et encourager des comportements spécifiques. Les concepteurs peuvent insuffler aux interfaces numériques des expériences ludiques qui exploitent la nature compétitive et le désir de réussite des utilisateurs. Une application bancaire peut transformer les objectifs d'épargne en jeu en attribuant des points et des badges pour une épargne constante.

Les influences sociales et l'engagement communautaire sont de puissants moteurs de changement de comportement. Les concepteurs créent des interfaces qui facilitent les interactions sociales, le partage des progrès et le soutien par les pairs. Une application de perte de poids peut inclure un forum communautaire où les utilisateurs peuvent partager des histoires de réussite, échanger des conseils et s'encourager mutuellement.

La personnalisation et les expériences sur mesure reconnaissent que les utilisateurs ont des préférences, des objectifs et des défis uniques. Les concepteurs créent des interfaces qui s'adaptent aux besoins de chaque utilisateur, offrant des recommandations, du contenu et des interactions personnalisés. Une application de streaming musical peut organiser des listes de lecture en fonction de l'historique d'écoute et des préférences des utilisateurs.

L'engagement et le maintien à long terme sont au cœur d'une conception réussie du changement de comportement. Les concepteurs doivent s'assurer que les interfaces sont conçues pour aider les utilisateurs à maintenir leurs nouveaux comportements dans le temps. Des stratégies telles que la progression progressive, les rappels périodiques et les mécanismes d'accoutumance peuvent aider les utilisateurs à maintenir des changements positifs à long terme.

Les considérations éthiques dans la conception d'un changement de comportement englobent la responsabilité de donner la priorité au bien-être et à l'autonomie des utilisateurs. Les concepteurs doivent éviter les techniques de manipulation qui contraignent les utilisateurs à adopter des comportements qui ne correspondent pas à leurs valeurs ou à leurs objectifs. Au lieu de cela, l'accent devrait être mis sur la promotion de changements de comportement positifs qui responsabilisent les utilisateurs et améliorent leur vie.

Chapitre 10 : Workflows de conception collaborative

a. Avantages de la conception collaborative

La conception collaborative est une méthodologie de conception de l'expérience utilisateur (UX) qui implique un travail d'équipe interdisciplinaire et la participation active des parties prenantes tout au long du processus de conception. Cette approche s'appuie sur diverses perspectives, expertises et connaissances pour créer des interfaces complètes, innovantes et centrées sur l'utilisateur. Les avantages de la conception collaborative s'étendent au-delà du produit final, favorisant la créativité, l'alignement et la compréhension mutuelle entre les membres de l'équipe et les parties prenantes.

Diverses perspectives et expertises sont inhérentes à la conception collaborative. L'implication d'individus de diverses disciplines, tels que des concepteurs, des développeurs, des chercheurs et des acteurs commerciaux, enrichit le processus de conception d'un éventail de perspectives. Par exemple, une application de soins de santé peut bénéficier de la collaboration de concepteurs UX qui se concentrent sur les interactions avec les utilisateurs, de professionnels de la santé qui apportent leur expertise dans le domaine et de développeurs qui garantissent la faisabilité technique.

La conception collaborative cultive un environnement de créativité et d'innovation. Différents points de vue stimulent le brainstorming et la génération d'idées, conduisant à de nouvelles solutions qui pourraient ne pas apparaître dans des approches de conception isolées. Grâce à la collaboration, les concepteurs peuvent puiser dans la créativité collective de l'équipe pour concevoir des solutions de conception inventives et non conventionnelles.

L'alignement et la recherche de consensus sont facilités par la conception collaborative. L'intégration des parties prenantes dans le processus de conception favorise une compréhension et un alignement partagés sur les objectifs du projet, l'orientation de la conception et les besoins des utilisateurs. Cela minimise les erreurs de communication, réduit les retards de projet et garantit que le produit final reflète la vision collective.

La collaboration permet une itération et un prototypage rapides. L'implication des développeurs dès le début du processus de conception permet d'évaluer rapidement la faisabilité des concepts de conception, ce qui permet des itérations et des améliorations plus rapides. Par exemple, la conception d'une application bancaire peut être prototypée en collaboration, permettant aux développeurs de fournir des informations sur les contraintes techniques avant le début du développement approfondi.

La focalisation centrée sur l'utilisateur est la marque de fabrique de la conception collaborative. En incluant des chercheurs utilisateurs et en impliquant les parties prenantes avec des interactions directes avec les utilisateurs, les concepteurs obtiennent des informations sur les besoins, les comportements et les points faibles des utilisateurs. Cela garantit que l'interface résultante répond aux attentes et aux préférences des utilisateurs.

La collaboration favorise l'amélioration des compétences et l'apprentissage. Les membres de l'équipe apprennent de l'expertise des uns et des autres, acquérant des connaissances sur différentes disciplines et méthodologies. Cet échange de connaissances nourrit une culture d'apprentissage continu et de croissance professionnelle.

Le processus de conception collaborative nourrit une culture d'empathie. L'implication de parties prenantes d'horizons divers garantit que les perspectives et les besoins des différents groupes d'utilisateurs sont représentés. Il en résulte des interfaces empathiques pour un large éventail d'utilisateurs, favorisant un sentiment d'appartenance.

Les considérations éthiques dans la conception collaborative impliquent de respecter et de valoriser les contributions et les perspectives de tous les membres de l'équipe.

b. Sprints de conception et ateliers

Les sprints et ateliers de conception sont des méthodologies stratégiques au sein de la conception de l'expérience utilisateur (UX) qui favorisent la résolution efficace de problèmes, la créativité et la collaboration. Ces processus structurés impliquent des équipes interfonctionnelles engagées dans des activités ciblées pour générer des idées, valider des concepts et prendre des décisions de conception éclairées. Les sprints et ateliers de conception offrent un cadre organisé pour relever les défis de conception complexes, favoriser l'innovation et produire des solutions centrées sur l'utilisateur.

Les Design Sprints sont des ateliers intensifs limités dans le temps qui condensent le processus de conception en un court laps de temps, généralement cinq jours. Développés par Google Ventures, les sprints de conception rassemblent des concepteurs, des développeurs, des chercheurs et des parties prenantes pour relever un défi de conception spécifique. Le processus implique la définition du problème, l'idéation, le prototypage, les tests utilisateurs et le raffinement, le tout en l'espace d'une semaine. Par exemple, une plateforme de réservation de voyages peut utiliser un sprint de conception pour prototyper et tester rapidement une nouvelle interface utilisateur pour la réservation de voyages à plusieurs étapes.

Les ateliers sont des sessions collaboratives qui encouragent les participants à réfléchir, à partager des idées et à générer des idées. Les ateliers peuvent être adaptés à divers objectifs, tels que la génération de concepts de conception, la réalisation de recherches sur les utilisateurs ou la définition des exigences du produit. Un atelier centré sur l'utilisateur pour une application de santé et de remise en forme peut impliquer des utilisateurs, des concepteurs et des développeurs collaborant pour définir les fonctionnalités, les interactions et les flux d'utilisateurs de l'application.

Les sprints de conception et les ateliers offrent une efficacité en rationalisant le processus de conception. Ces méthodologies fixent des objectifs clairs, allouent des délais ciblés et guident les participants à travers des activités structurées, réduisant l'ambiguïté et accélérant la prise de décision. L'efficacité des sprints de conception est particulièrement précieuse lorsque les contraintes de temps sont à prendre en compte, comme lors du lancement d'un produit dans un délai serré.

La nature structurée des sprints de conception et des ateliers favorise la collaboration interfonctionnelle. L'implication de personnes aux compétences diverses favorise la pollinisation croisée des idées et garantit que divers aspects de la conception, de la faisabilité technique à l'opportunité pour l'utilisateur, sont pris en compte. La collaboration entre les concepteurs, les développeurs, les chercheurs, les spécialistes du marketing et les acteurs commerciaux aboutit à des solutions complètes.

Le centrage sur l'utilisateur est une caractéristique des sprints et des ateliers de conception. Ces méthodologies donnent la priorité aux commentaires et aux idées des utilisateurs, impliquant les utilisateurs dans des activités telles que l'idéation, les tests et la validation. Cela garantit que les décisions de conception sont informées par l'entrée directe de l'utilisateur, ce qui conduit à des interfaces qui s'alignent sur les attentes et les préférences de l'utilisateur.

Le processus d'itération rapide et de prototypage est au cœur des sprints et des ateliers de conception. En produisant des prototypes tangibles et en effectuant des tests utilisateur dans un court laps de temps, les concepteurs peuvent rapidement identifier les défauts, recueillir des informations et affiner les conceptions de manière itérative. Cette approche itérative minimise le risque d'investir des ressources importantes dans des concepts défectueux ou non testés.

Les sprints de conception et les ateliers cultivent un environnement d'innovation et de créativité. La nature collaborative de ces méthodologies encourage les participants à sortir des sentiers battus, à explorer des idées non conventionnelles et à remettre en question les hypothèses existantes. En créant un espace d'expérimentation, les sprints de conception et les ateliers conduisent à la génération de solutions innovantes qui pourraient ne pas émerger dans les processus de conception traditionnels.

Les concepteurs doivent faciliter un environnement respectueux qui encourage un dialogue ouvert et les contributions de toutes les personnes impliquées.

CONCLUSION

Dans le paysage en constante évolution de la technologie et des interactions utilisateur, le domaine de la conception de l'expérience utilisateur (UX) se présente comme un guide, façonnant continuellement la façon dont les individus interagissent avec les interfaces numériques. Ce livre a traversé le terrain diversifié de la conception UX, dévoilant ses couches à multiples facettes et dévoilant les subtilités qui sous-tendent des expériences utilisateur exceptionnelles. De la compréhension de l'évolution de la conception UX à l'exploration de la psychologie, des méthodologies de recherche et des techniques de persuasion, chaque chapitre a révélé une facette de la discipline qui contribue à créer des interfaces qui captivent, engagent et répondent aux besoins des utilisateurs.

La conception UX, à la base, est un mélange harmonieux d'art et de science, une symphonie d'empathie et d'innovation qui résonne avec les utilisateurs aux niveaux cognitif, émotionnel et comportemental. La recherche méticuleuse, la compréhension empathique des utilisateurs, la prise de décision stratégique et les choix de conception réfléchis qui définissent ce domaine créent des expériences numériques qui transcendent la fonctionnalité pour toucher l'essence même de l'humanité.

Le voyage à travers ce livre a dévoilé le rôle de l'empathie dans la conception, la psychologie derrière les comportements des utilisateurs, la puissance des méthodologies de recherche et les techniques qui utilisent la persuasion de manière responsable. Les nuances de la conception pour diverses personnalités d'utilisateurs, captivantes avec des archétypes émotionnels et compréhension du contexte de l'utilisateur ont été éclairées. Les complexités des structures de navigation intuitives, des flux contextuels, de l'accessibilité et de l'impact émotionnel du design ont été explorées en profondeur. En outre, le livre a approfondi l'importance de la psychologie des couleurs, des micro-interactions, des principes de la gestalt, des tests d'utilisabilité et des mérites des méthodologies de conception collaborative.

Alors que le livre touche à sa fin, il devient évident que la conception UX ne consiste pas simplement à créer des interfaces, mais à modeler des expériences. Il s'agit de comprendre, d'empathie et de s'adapter au paysage en constante évolution des besoins et des comportements des utilisateurs. Le voyage ne se termine pas ici; il sert plutôt de tremplin, d'invitation à explorer les territoires inexplorés de la technologie et du design, à s'adapter, évoluer et innover en permanence.

Aux concepteurs, chercheurs, développeurs et passionnés qui se sont lancés dans ce voyage, rappelez-vous que chaque pixel, chaque ligne de code et chaque décision de conception a le potentiel de transformer les interactions numériques. À travers la synthèse de la théorie et de la pratique, de la psychologie et de l'esthétique, de l'empathie et de l'innovation, la conception UX se déploie comme une tapisserie qui relie les gens et la technologie de manière profonde et significative.